BEI GRIN MACHT SICH IHR WISSEN BEZAHLT

AF167147

- Wir veröffentlichen Ihre Hausarbeit,
  Bachelor- und Masterarbeit

- Ihr eigenes eBook und Buch -
  weltweit in allen wichtigen Shops

- Verdienen Sie an jedem Verkauf

**Jetzt bei www.GRIN.com hochladen
und kostenlos publizieren**

GRIN

Biologische Psychologie. Funktion von Nervensystem, Endokrinem System und Neurofeedback

Lisa Muller

Bibliografische Information der Deutschen Nationalbibliothek:

Die Deutsche Nationalbibliothek verzeichnet diese Publikation in der Deutschen Nationalbibliografie; detaillierte bibliografische Daten sind im Internet über http://dnb.d-nb.de abrufbar.

ISBN: 9783346529497
Dieses Buch ist auch als E-Book erhältlich.

Druck und Bindung: Books on Demand GmbH, Norderstedt Germany
Gedruckt auf säurefreiem Papier aus verantwortungsvollen Quellen

Das vorliegende Werk wurde sorgfältig erarbeitet. Dennoch übernehmen Autoren und Verlag für die Richtigkeit von Angaben, Hinweisen, Links und Ratschlägen sowie eventuelle Druckfehler keine Haftung.

Das Buch bei GRIN: https://www.grin.com/document/1139356

EINSENDEAUFGABE

abgegeben am 19.08.2021

Modulverantwortlicher Hochschullehrer:

SRH-Fernhochschule

Modul: Biologische Psychologie

Studiengang: B. Sc. Psychologie

von

Lisa Muller

Abkürzungsverzeichnis

ACTH:	adrenokortikotropes Hormon
ADH:	antidiuretische Hormon
AD(H)S:	Aufmerksamkeitsdefizitstörung mit oder ohne Hyperaktivität
aktual.:	aktualisierte
ANS:	autonomes Nervensystem
bspw.:	beispielsweise
bzw.:	beziehungsweise
d.h.:	das heißt
EEG:	Elektroenzephalogramm
erw.:	erweiterte
FSH:	Follikel-stimulierendes Hormon
GH:	growth-hormon
GHIH:	growth hormone inhibiting hormone
GHRH:	growth hormone releasing hormone
HHL:	Hypophysenhinterlappen
HVL:	Hypophysenvorderlappen
Hz:	Hertz
IGF1:	Insulin-like-growth-factor 1
ISF:	Infra Slow Fluctuation
LH:	luteinisierendes Hormon
NF:	Neurofeedback
OXY:	Oxytocin
PIH:	Prolactin-Inhibting-Hormon
PNS:	peripheres Nervensystem
PRL:	Prolaktin
S.:	Seite
SCP:	slow cortical potentials
SMR:	sensomotorisch
SNS:	somatisches Nervensystem
STH:	somatotropes Hormon
T_3:	Tetrajodthyronin
T_4:	Trijodthyronin

TRH:	Thyreotropin-Releasing-Hormon
TSH:	Thyreoidea-stimulierendes Hormon
überarb.:	überarbeitete
usw.:	und so weiter
Vgl.:	Vergleiche
vollst.:	vollständig
VNS:	vegetatives Nervensystem
z.B.:	zum Beispiel
ZNS:	zentrales Nervensystem

Abbildungsverzeichnis

Teilaufgabe 1

1. Organisation des Nervensystems

In der Biologischen Psychologie geht es um das Verhalten und Erleben des Menschen und dessen Auswirkungen auf das körperliche Empfinden. Hierfür wird in dieser Aufgabe die Anatomie und die Funktion des Nervensystems erläutert. Das Nervensystem stellt die Gesamtheit aller Nervengewebe im Körper des Menschen dar. Seine Funktion ist es Informationen aus dem Körper und dessen Umwelt wahrzunehmen, fortzuleiten, auszuwerten und abzuspeichern.[1] Myers bezeichnet es daher auch als elektrochemisches Hochgeschwindigkeitskommunikationsnetz im Körper, welches aus allen Nervenzellen der sogenannten peripheren und zentralen Nervensysteme bestehen.[2] In den folgenden Kapiteln werden diese beiden Teile des Nervensystems näher beschrieben.

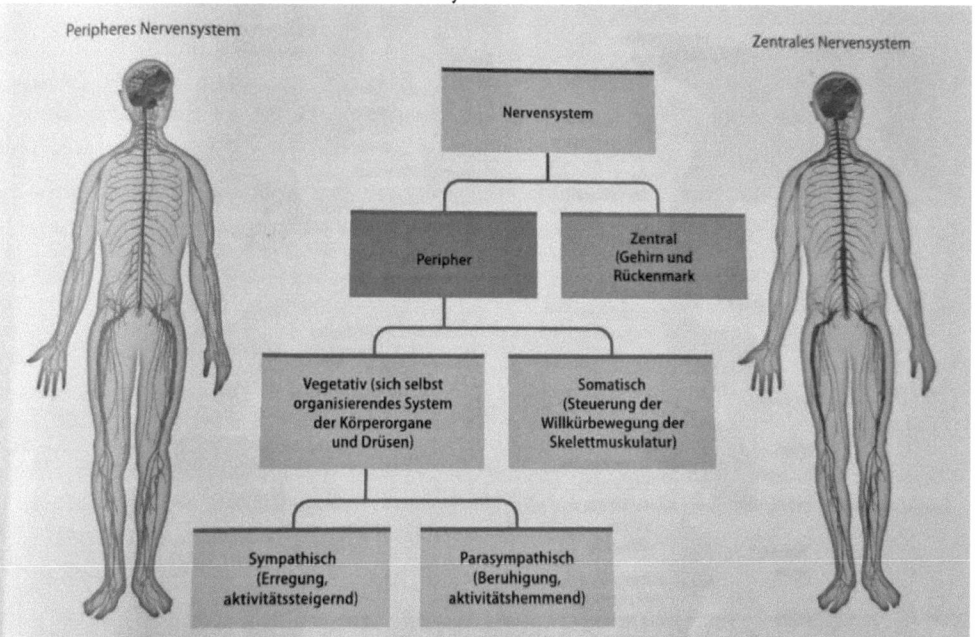

Abbildung 1: Funktionelle Aufteilung des menschlichen Nervensystems
Quelle: Myers, 2014, S.59

1.1 Zentrales Nervensystem

Das zentrale Nervensystem (ZNS) des Menschen ist ein komplexes Organ, welches aus Gehirn und Rückenmark besteht. Das Gehirn beinhaltet bis zu 1000 Milliarden Nervenzellen, welche sich

---

[1] Vgl. Entringer & Heim, 2016, S.14; Vgl. Kirschbaum, Domschke & Heinrichs, 2020, S.214
[2] Vgl. Myers, 2014, S.58

zu neuronalen Netzen zusammensetzen, mit anderen Worten, die Nervenzellen schließen sich mit benachbarten Neuronen zusammen um schnellere und effektivere Verbindungen zu bewirken. Aufgabe einer Nervenzelle, auch Neurone genannt, ist es demnach Informationen weiterzuleiten.[3] Dabei wird der Informationsaustausch zum Gehirn als afferent bezeichnet, die vom Gehirn weggeleiteten Informationen als efferent.[4] Zum Erfüllen seiner Funktion ist unser Zentralnervensystem von der Zusammenarbeit mit dem peripheren Nervensystems abhängig. Dabei dient das Rückenmark als "Straße" auf der Informationen vom peripheren Nervensystem zum Gehirn geleitet werden und umgekehrt.[5] Zu den lebenswichtigen Aufgaben des ZNS gehören folglich die Atmung, die Bewegung, die Fortpflanzung und das Verdauungssystem des Menschen zu steuern. Des Weitern ist es eng mit dem endokrinen System verbunden um diese Aufgaben erfolgreich meistern zu können.[6]

1.2 Peripheres Nervensystem

Das periphere Nervensystem (PNS) umfasst alle Nerven die sich außerhalb des zentralen Nervensystems befinden, d.h. all diese die sich nicht im Gehirn oder im Rückenmark befinden. Das PNS lässt sich in ein somatisches Nervensystem (SNS) und in ein vegetatives Nervensystem (VNS), auch autonomes Nervensystem (ANS) genannt, aufteilen. Beide Teilsysteme leiten Informationen vom Körper zum ZNS (afferent) oder vom ZNS zum Körper (efferent).

1.2.1 Somatisches Nervensystem

Das somatische Nervensystem ist der Teil des PNS, welcher die Skelettmuskulatur des Menschen willkürlich steuern kann. Darunter werden alle Bewegungen verstanden, die wir willentlich und bewusst ausführen wie z.B. die Beine zu bewegen beim Gehen.[7] Des Weiteren werden Reize aus den Sinnesorganen Augen, Ohren und Haut an das ZNS weitergeleitet. Daraus lässt sich schließen, dass das SNS über eine sensorische und motorische Kommunikation mit der Umwelt interagiert. Es nimmt die Reize von außen wahr (afferent) und

---

[3] Vgl. Müller & Hassel, 2012, S.403
[4] Vgl. Rockstroh, 2010, S.30
[5] Vgl. Myers, 2014, S.61
[6] Vgl. Schäffler, 2014, S.1117
[7] Vgl. Myers, 2014, S.59

leitet die Informationen an das ZNS weiter (efferent) wobei elektrische Reize freigesetzt werden um die Steuerung der Skelettmuskulatur zu ermöglichen.[8]

1.2.2 Vegetatives Nervensystem

Das vegetative Nervensystem (VNS) bzw. autonome Nervensystem (ANS) ist der Teil des peripheren Nervensystems der die lebensnotwendigen Grundfunktionen des Körpers steuert.. Es wird als autonom bezeichnet, da zur Ausführung seiner Aufgaben keine direkte willkürliche Kontrolle nötig ist. Das ANS reagiert auf äußere Belastungen des Organismus, indem es die Prozesse der Körperorgane an die Situation anpasst. Hierfür empfängt es Signale vom Gehirn, welche es weiter an den Körper leitet. Ist es dem Menschen z.B. warm, erhöht das ANS die Durchblutung der Haut und es kommt zur Schweißsekretion. Im Gegensatz zum SNS reagiert hier der Körper nicht auf sensorische Reize, d.h. der Mensch kann nicht willentlich beginnen zu schwitzen. Das ANS innerviert die glatte Muskulatur aller Körperorgane sowie das Herz und die Drüsen.[9] Dabei kontrolliert es vor allem die inneren Funktionen des Körpers wie den Herzschlag, die Atmung, die Drüsenaktivität und die Verdauung. Der Mensch muss sich bspw. nicht daran erinnern zu Atmen, es ist ein automatischer Reflex des Nervensystems.[10]

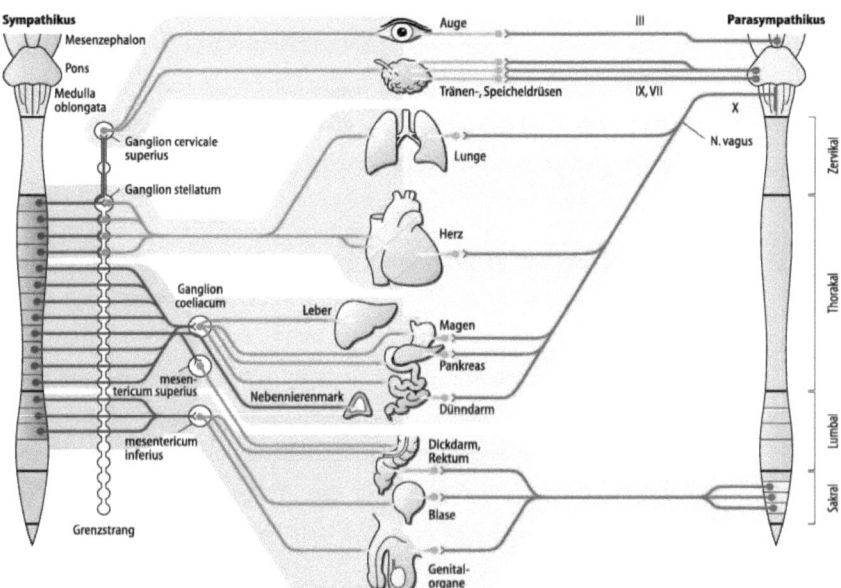

Abbildung 2: Zielorgane von Sympathikus und Parasympathikus

Quelle: Birbaumer & Schmidt, 2006, S.104

---

[8] Vgl. Entringer & Heim, 2016, S.14; Vgl. Kirschbaum, Domschke & Heinrichs, 2020, S.222
[9] Vgl. Birbaumer & Schmidt, 2006, S.102
[10] Vgl. Myers, 2014, S.59

Das VNS wird weiter in Sympathikus, in Parasympathikus und in ein Darmnervensystem gegliedert. Beim Darmnervensystems liegen die Neuronen in den Wänden des Magen-Darm-Traktes.[11] Prinzipiell arbeiten diese Zellen unabhängig von anderen Nerven, werden aber vom Sympathikus und Parasympathikus beeinflusst.[12] Die Nervenbahnen des Sympathikus und Parasympathikus führen vom ZNS aus zu den Organen. Der Sympathikus hat die Aufgabe den Körper in Erregung zu versetzen. Seine Aufgabe ist eine Aktivierungssteigerung der Organsysteme bei Gefahr- oder Stresssituationen zu ermöglichen, damit der Mensch angemessen auf die Herausforderung reagieren kann. Er sorgt bspw. dafür, dass das Herz beschleunigt, erweitert die Atemwege und hemmt die Darmtätigkeit.[13] Um seine Aufgabe zu erfüllen setzt sich der Sympathikus aus einer zweizelligen Neuronenkette zusammen. Ein Neuron liegt innerhalb des ZNS im Brustmark oder im Lendenmark (präganglionär). Das Andere liegt außerhalb des Rückenmarks in einem Ganglion (Anhäufung von Nervenzellen im PNS) und bildet dort eine Ganglienkette (postganglionär). Die an dem Rückenmark entlanglaufende Ganglienkette wird als Grenzstrang bezeichnet. Hier ziehen die präganglionären Fasern zum PNS um anschließend in den Ganglien synaptisch auf postganglionäre Fasern umgewandelt zu werden. Mit Hilfe chemischer Botenstoffen geben die Neuronen Signale an andere Nervenzellen weiter. Als Überträgerstoff zum postganglionären Neuron nutzen die präganglionären Neurone das Acetylcholin. Dahingegen wird beim Zielorgan Noradrenalin ausgeschüttet. Auf diese Weise gelingt es dem Sympathikus vegetative Körperfunktionen angemessen auf Stress- oder Fluchtsituationen vorzubereiten: Pupillenerweiterung, Verdauungsfunktionen werden gehemmt, Blutgefäße verengen, usw.[14]

Der Parasympathikus ist der Gegenspieler des Sympathikus und sorgt dafür, dass der Körper nach der Stresssituation wieder in einen Ruhezustand versetzt wird. Er hat eine aktivitätshemmende Funktion: der Herzschlag verlangsamt sich, die Verdauung wird wieder angeregt und die Bronchien verengen sich. So gelingt es dem Organismus seinen Zustand stabil zu halten.[15] Die zentralen Zellen des parasympathische Nervensystem befinden sich im oberen Teil (Nervus Vagus) und im unteren Teil des Rückenmarks (Sakralmark). Die Umwandlung von prä- auf postganglionär erfolgt erst kurz vor dem Zielorgan. Im Gegensatz zum Sympathikus verwenden alle Neurone des Parasympathikus Acetylcholin als Neurotransmitter.[16]

---

[11] Vgl. Birbaumer & Schmidt, 2006, S.102
[12] Vgl. Kirschbaum et al., 2020, S.222
[13] Vgl. Myers, 2014, S.59
[14] Vgl. Rockstroh, 2010, S.31
[15] Vgl. Myers, 2014, S.59
[16] Vgl. Rockstroh, 2010, S.32; Vgl. Entringer & Heim, 2016, S.23

Funktionell gesehen gelten Sympathikus und Parasympathikus als Gegenspieler. Der Sympathikus aktiviert sich bei erregenden Situationen, der Parasympathikus dagegen im Ruhezustand. Dies ist jedoch wichtig um ein gesundes Gleichgewicht des Organismus zu bewahren. Beide Nervensysteme stehen demnach nicht in Konkurrenz zueinander, sondern arbeiten viel mehr "Hand-in-Hand" um den Körper auf die jeweiligen Anforderungen bestmöglich vorzubereiten.[17] Ein besonderer Unterschied zwischen Beiden ist, dass der Parasympathikus im Gegensatz zum Sympathikus nicht alle Gefäße innerviert. Dazu gehören die glatte Muskulatur der Arterien und der Venen, als auch die Schweißdrüsen.[18]

1.3 Unterschied zwischen vegetativen und somatischen Nervensystem

Das periphere Nervensystem besteht aus dem somatischen und dem vegetativen Nervensystem. Beide Nervensysteme des PNS unterscheiden sich zum Einem im Ausmaß der bewussten Einflussnahme auf den Organismus. Das SNS sorgt dafür, dass der Mensch Berührungen oder Schmerzen wahrnimmt. Es ist der Teil des Nervensystems der bewusst mit der Umwelt interagiert Hierfür leitet es die Informationen an das Gehirn weiter, damit von dort aus eine bewusste motorische Bewegung vom ZNS zu den Muskeln geleitet werden kann. Das VNS hingegen übt keine bewusste Kontrolle über die inneren Organe aus. Es steuert autonom die Muskeln und Drüsen unserer inneren Organe.[19] Zum Anderen unterscheiden sich beide über den neuronalen Übertragungsweg. Das SNS als auch das VNS übertragen Signale über afferente und efferente Neuronen. Efferente motorische Nervenfasern innervieren im SNS die quergestreifte Muskulatur (Skelettmuskulatur) und im VNS die glatte Muskulatur (z.B. Gefäße und Darm), jedoch auch zum Teil die Skelettmuskelfasern.[20] Auch pharmakologisch lassen sich Beide voneinander unterscheiden: Im VNS funktionieren nur adrenerge (Adrenalin und Noradrenalin) und nikotinähnliche Neurotransmitter. Im SNS ist lediglich Azetylcholin als Übertragungsstoff wirksam.[21]

Zu Beachten sei jedoch, dass man die Unterschiede zwischen dem SNS und dem VNS nicht zu streng wahrnimmt. Sind beide Teilsysteme anatomisch und funktionell im PNS weitestgehend getrennt, so bestehen jedoch im ZNS enge Verknüpfungen wie z.B. über den Hypothalamus.[22] Des Weiteren ist das oben genannte Bewusstseinskriterium in der Realität nicht immer passend,

---

[17] Vgl. Entringer & Heim, 2016, S.23
[18] Vgl. Kirschbaum et al., 2020, S.222
[19] Vgl. Kirschbaum et al., 2020, S.214
[20] Vgl. Myers, 2014, S.59
[21] Vgl. Birbaumer & Schmidt, 2006, S.56-57
[22] Vgl. Kirschbaum et al., 2020, S.222

denn Geruch und Geschmack können z.B. Übelkeit und Erbrechen auslösen. Demnach kann die äußere Umwelt einen Einfluss auf das VNS haben und somit eine ungewollte Reaktion hervorbringen.[23]

Teilaufgabe 2

2. Das endokrine System

Neben dem oben erläuterten Nervensystem gibt es noch ein anderes Kommunikationssystem: das endokrine System. Beide Systeme funktionieren ähnlich, allerdings werden im Nervensystem Informationen in einem Bruchteil von Sekunden übermittelt, wohingegen das endokrine System einige Sekunden benötigt um den Botenstoff über die Blutbahn an ein Zielgewebe zu senden. Die Drüsen des endokrinen Systems schütten chemische Botenstoffe aus die wir als Hormone bezeichnen. Diese werden über den Blutkreislauf an bestimmte Körperregionen weitertransportiert und erfüllen dort spezifische Wirkungen.[24]

Die Hypophyse, eine erbsengroße Ausstülpung im mittleren Teil des Gehirns, ist die endokrine Drüse mit dem größten Einfluss. Unter der Kontrolle des Hypothalamus steuert sie das Wachstum des Organismus und kontrolliert die Funktion anderer endokriner Drüsen. Myers spricht daher von der Hypophyse als Königsdrüse bei der der Hypothalamus deren Kaiser ist. So fördert die Hypophyse mit ihren Hormonen die Hormonausschüttung bei anderen Drüsen. Bspw. fördert sie zusammen mit dem Gehirn das Ausschütten von Sexualhormonen. Außerdem bewirkt die Hypophyse zusammen mit dem Hypothalamus, dass in Stresssituationen das Stresshormon Kortisol von den Nebennieren freigesetzt wird, um den Blutzuckerspiegel zu erhöhen. Anhand dieser Beispiele wird deutlich, dass das Nervensystem und das endokrine System eine direkte Verbindung zueinander haben: Das Nervensystem bewirkt eine Freisetzung von Hormonen durch das endokrine System. Die dabei ausgeschütteten Hormone beeinflussen anschließend wiederum das Nervensystem. Dabei steht das Gehirn am Anfang und am Ende dieser Rückkopplungskette.[25]

Die Hypophyse setzt sich aus einem Vorder- und einem Hinterlappen zusammen. Der Hypophysenvorderlappen (HVL) wird auch *Adenohypophyse* genannt und produziert und speichert 6 lebenswichtige Hormone: Wachstumshormon (GH), Luteinisierendes Hormon (LH),

---

[23] Vgl. Schröger, 2010, S.126
[24] Vgl. Myers, 2014, S.62-63
[25] Vgl. Myers, 2014, S.63

Follikel-stimulierendes Hormon (FSH), Thyreoidea-stimulierendes Hormon (TSH), Adrenokortikotropes Hormon (ACTH) und Prolaktin (PRL). Von diesen 6 haben 4 Hormone jeweils eine Drüse als Zielorgan und werden daher als *Steuerhormone* (oder glandotrope Hormone) genannt. Hierbei handelt es sich um das ACTH, das TSH, das FSH und das LH. Das GH und Prolaktin werden hingegen als *Effekthormone* (oder nichtglandotrope Hormone) bezeichnet, da sie nicht auf eine bestimmte Drüse wirken, sondern auf den gesamten Organismus. Der Hypophysenhinterlappen (HHL) heißt auch *Neurohypophyse* und produziert keine Hormone selbst, speichert allerdings Oxytocin und das antidiuretische Hormon (ADH).[26]

2.1 Wachstumshormon (GH)

GH ist die englische Abkürzung für "growth hormone", was übersetzt das Wachstumshormon ist und gehört zu den HVL-Effektorhormonen. Seine Aufgabe ist es für eine normalen körperliche Entwicklung des Kindes zu sorgen. Weitere Bezeichnungen für dieses Hormon sind STH (somatotropes Hormon) und Somatotropin. GH wird in den somatotropen Zellen der Adenohypophyse pulsatil, also stoßartig, freigesetzt.[27] Es gehört zu den Hormontypen der Proteine bzw. Peptide.[28] GH läuft entweder über direktem Weg über den GH-Rezeptor oder auf indirektem Weg über der in der Leber produzierte Insulin-like-growth-factor 1 (IGF1) und wirkt so auf das Wachstum des Organismus. Bei Kindern erreicht die GH-Freisetzung maximale Raten in etwa einer Stunde nach Beginn des Tiefschlafes. Bei Männern hingegen werden innerhalb 24 Stunden 6 bis 8 GH-Pulse freigesetzt. Frauen haben eine unregelmäßigere Pulsrate und setzen pro Puls mehr GH frei als Männer, was wahrscheinlich darauf zurückzuführen ist, dass Frauen mehr Östrogen produzieren.[29] Bezüglich der Freisetzung von Somatropin sorgt das hypothalamische Hormon Somatoliberin (GHRH) für die Förderung und das Somatostatin (GHIH) ist für die Hemmung der Freisetzung zuständig. Es gibt zwei Krankheitsbilder die sich auf das GH zurückführen lassen: der hypophysäre Zwergwuchs und die Akromegalie. Ersterer kommt oftmals zustande bei Schädigungen der Hypophyse oder mangelndem Tiefschlaf im Kindesalter. Dabei kommt es zu verminderter Ausschüttung von Somatropin, was zur Folge Wachstumsverzögerungen oder Minderwuchs hat. Die Akromegalie bewirkt das Gegenteil. Ein Tumor an der Hypophyse kann bewirken, dass zu viel Somatropin ausgeschüttet wird. Dies führt

---

[26] Vgl. Birbaumer & Schmidt, 208, S.127
[27] Vgl. Kleine & Rossmanith, 2007, S.44
[28] Vgl. Linnemann & Kühl, 2005, S.544
[29] Vgl. Kleine & Rossmanith, 2007, S.63

zu dem sogenannten Riesenwuchs. Ab einem gewissen Punkt bleibt die Körpergröße gleich, jedoch vergrößern sich Kinn, Nase, Kiefer- und Backenknochen sowie Hände und Füße.[30]

2.2 Prolaktin (PRL)

Das Prolaktin ist genau wie das GH ein HVL-Effektorhormon. Seine Aufgabe ist es die Produktion der Milchsynthese in der weiblichen Brustdrüse zu steuern. Seine Freisetzung aus dem HVL wird lediglich von dem hemmenden hypothalamischen Hormon *Prolactin-Inhibting-Hormon* (PIH) kontrolliert. Fällt die Hemmung des PIH weg, wird folglich PRL freigesetzt. Beim PIH handelt es sich um den Neurotransmitter Dopamin.[31] Genau wie das GH wird PRL pulsatil im Nachtschlaf freigesetzt. Während der Schwangerschaft einer Frau fördert das PRL die Laktogenese, also die Vermehrung der Milchdrüsen in Zusammenarbeit mit Östrogen, Progesteron und plazentaren Laktogenen. Postnatal unterstützt das PRL die Entstehung und Sekretion der Muttermilch (Laktation).[32] Zudem werden durch Laktogenese und Laktation die Sexualhormone stark unterdrückt. PRL kann aber auch durch bestimmte Verhaltensweise freigesetzt werden: Saugen und Berühren der Brustwarze, Geschlechtsverkehr, Nahrungsaufnahme und sogar durch epileptische Anfälle.[33] PRL wird jedoch auch beim männlichen Geschlecht freigesetzt, wenn auch in deutlich wenig starker Konzentration als bei Frauen, dies z.B. beim Orgasmus. Wissenschaftler vermuten, dass ein normal hoher PRL-Wert dazu führen soll, dass die Männer sich besser auf ihre Vaterrolle einlassen können.

Sind die Prolaktinwerte erhöht, obwohl die Frau weder schwanger ist oder geboren hat, könnte dies unter anderem an einem gutartigen PRL-bildenden Tumor, dem Prolaktinom, liegen oder an einer Schilddrüsenunterfunktion oder an einem Mangel an Dopamin.[34] Diese pathologische Überproduktion wird auch als *Hyperprolactinämie* bezeichnet. Die Überproduktion von PRL führt bei der Frau zu einem unregelmäßigen oder Ausbleiben der Menstruation. Auch bei Männern kann es zu einer Hyperprolactinämie kommen. In solchen Fällen kommt es beim Mann zu Hypogonadismus (Testosteronmangel), Impotenz, Kopfschmerzen oder verminderter Libido. Dagegen hat ein erniedrigtes Prolaktin sowohl für die Frau als auch für den Mann nur in seltenen Fällen einen Krankheitswert.[35]

---

[30] Vgl. Birbaumer & Schmidt, 2018, S.129
[31] Vgl. Birbaumer & Schmidt, 2018, S.128-129
[32] Vgl. Kleine & Rossmanith, 2007, S.65
[33] Vgl. Ehlert & von Känel, 2011, S.14
[34] Vgl. Kleine & Rossmanith, 2007, S.65
[35] Vgl. Ehlert & von Känel, 2011, S.15

2.3 Thyroidea-stimulierendes Hormon (TSH)

Das glandotrope HVL-Hormon *Thyroidea-stimulierendes Hormon* (TSH), auch Thyreotropin genannt, wird aus den thyreotropen Zellen der Hypophyse durch Stimulation des hypothalamischen *Thyreotropin-Releasing-Hormon* (TRH) ins Blut freigesetzt. Es wird pulsatil mit den höchsten Werten gegen Mitternacht freigesetzt. Dabei gelangt das TSH über das periphere Blutsystem zur Schilddrüse. TSH ist ein Glykoprotein und wird aus einer α- und einer β-Kette von Aminosäuren zusammengesetzt.[36] Zu ihrer Funktion gehören das Wachstum der Schilddrüse, die Jodaufnahme in den Thyreozyten und die Produktion der jodhaltigen Schilddrüsenhormone T_3 und T_4.[37] T_4 (Tetrajodthyronin) besteht aus vier Jodatomen, T_3 (Trijodthyronin) aus drei Jodatomen. Beide werden in den Schilddrüsenfollikeln, auch Hormonspeicher genannt, zwischengelagert. Der dort abgespeicherte Vorrat ist in der Regel groß genug, damit der Körper einige Monate ohne Jodaufnahme zurecht kommt. Ein Teil der T_4-Moleküle wird außerhalb der Drüsenzelle in T_3-Moleküle umgewandelt. T_3 gilt daher auch als biologisch wirksamere Schilddrüsenhormon. T_3 und T_4 wirken folglich negativ rückkoppelnd auf Hypophyse und Hypothalamus: Das hypothalamische TRH setzt aus dem HVL das TSH frei, welches wiederum T_3 und T_4 freisetzt, dessen Freisetzung demgegenüber die Freisetzung von TRH und TSH wieder hemmt.[38]

Eine gestörte Schilddrüsenfunktion kann besonders im Säuglings- und Kindesalter gefährlich für die geistige und körperliche Weiterentwicklung sein, da die Schilddrüsenhormone nötig sind um ein gesundes Knochenwachstum sowie Hirnreifung zu fördern. Eine *Hypothyreose* (Schilddrüsenunterfunktion) entsteht durch chronischen Jodmangel und charakterisiert sich durch eine starke Vergrößerung der Schilddrüse. Betroffene leiden unter einer Verlangsamung aller Stoffwechselvorgänge, was schließlich zu einer Abschwächung körperlicher und geistiger Aktivität führt, sowie auch zu Depressionen führen kann. Die *Hyperthyreose* (Schilddrüsenüberfunktion) wird auch als Basedow-Krankheit bezeichnet. Hier handelt es sich um eine übersteigerte Stoffwechselfunktion. Bei vielen wird zudem ein Heraustreten der Augäpfel (Exophthalmus) sowie eine Kropfbildung an der Schilddrüse (Struma) festgestellt. Beide Fehlfunktionen können jedoch medikamentös behandelt werden.[39]

---

[36] Vgl. Heger, 2010, S.315
[37] Vgl. Ehlert & von Känel, 2011, S.14
[38] Vgl. Birbaumer & Schmidt, 2018, S.130
[39] Vgl. Birbaumer & Schmidt, 2018, S.131

2.4 Oxytocin

Oxytocin (OXY) ist ein Hormon der Neurohypophyse. Es handelt sich hierbei um ein Peptidhormon aus neun Aminosäuren. Anders als bei den Hormonen der Adenohypophyse wird Oxytocin in den magnozellulären Neuronen des Nucleus supraopticus sowie des Nucleus paraventricularis synthetisiert und in neurosekretorischen Vesikeln des HHL gespeichert.[40] Die Ausschüttung von Oxytocin wird vor allem bei Stimulation von Dehnungsrezeptoren wie der Vagina, des Uterus, der Brustwarze oder durch den Orgasmus ausgeschüttet. Es ist einerseits ein bedeutsames Hormon für die Geburtseinleitung sowie für die Laktation. Es besitzt jedoch auch eine angst- und stresslösende Wirkung und fördert das Bindungsgefühl zwischen Mutter und Kind.[41]

Kurz vor der Geburt wird eine große Menge an Oxytocin freigesetzt, welches die Wehentätigkeit einleitet. Das heißt, es regt den Uterus zu Kontraktionen an, die dazu dienen Kind und Mutterkuchen aus der Gebärmutter auszutreiben. Hierbei wird auch vom Ferguson-Reflex gesprochen. Zudem verhindert Oxytocin zu starke Blutungen nach der Geburt.[42] So kann OXY auch verabreicht werden, wenn ein Geburtstermin überschritten wurde um das Einleiten der Wehen zu ermöglichen.[43] Postnatal führen Kontraktionen der glatten Muskulatur in der Brustdrüse zur Milchejektion. Ausgelöst werden diese Kontraktionen durch das Saugen des Säuglings an der Brustwarze der Mutter.[44]

Wie bereits oben erwähnt wurde spielt Oxytocin ebenfalls eine wichtige Rolle beim Sozialverhalten. Durch tierexperimentelle Studien wurde festgestellt, dass das Hormon nicht nur für Geburt und Stillen eine bedeutsame Rolle spielt, sondern auch wichtig für die Mutter-Kind-Bindung und die Paarbindung (Monogamie) ist. Nasal verabreichtes Oxytocin, welches ein Durchdringen der Blut-Hirn-Schranke ermöglicht, zeigte nicht nur auf, dass das Hormon eine stress- und angstverringernde Funktion hat, sondern steigert ebenfalls das Vertrauen in fremde Menschen.[45]

---

[40] Vgl. Ehlert & von Känel, 2011, S.15; Vgl. Heger, 2010, S.316
[41] Vgl. Ehlert & von Känel, 2011, S.15
[42] Vgl. Birbaumer & Schmidt, 2018, S.128
[43] Vgl. Kleine & Rossmanith, 2010, S.70
[44] Vgl. Kleine & Rossmanith, 2007, S.48
[45] Vgl. Kirschbaum et al., 2020, S.229; Vgl. Entringer & Heim, 2016, S.26-27

Teilaufgabe 3

3. Neurofeedback (NF)

Das Neurofeedback (NF) (auch EEG-Feedback genannt) ist eine Methode um ein Feedback, also eine Rückmeldung, von der Gehirnaktivität des Menschen zu erhalten. Gemessen wird die Gehirnaktivität mittels des Elektroenzephalogramm (EEG). Um ein erfolgreiches Neurofeedbacktraining zu absolvieren, ist es wichtig grundlegende Kenntnisse über die Gehirnfunktionen des Menschen zu haben. Neurofeedback findet Gebrauch in der klinischen Intervention, als direktes Training oder als experimentelle Methode in der Forschung. Obwohl NF auch mit anderen bildgebenden Verfahren als der EEG durchgeführt werden kann (z.B. Magnetresonanztomographie oder Nahinfrarotspektroskopie), findet die EEG immer noch am meisten Zuspruch in der klinischen Praxis.[46]

3.1 Funktion des EEG

Eine erste Annäherung an das EEG vollbrachte der Arzt Richard Caton (1842-1926). Er untersuchte die elektrische Aktivität an freigelegten Großhirnrinden von Hasen und Affen. Dabei entdeckte er "schwache Strömungen" an der Schädeloberfläche, welche die Basis bildeten für viele weitere Studien anderer Wissenschaftler. Das menschliche EEG wurde schließlich von Hans Berger (1873-1941) in die Wege geleitet. Der deutsche Psychiater untersuchte gegen Ende des 1. Weltkrieges vor allem Patienten mit offenen Schädelverletzungen. Im Nachhinein stellte er jedoch fest, dass diese Messungen nicht zwangsläufig bessere Ergebnisse erbrachten als Messungen an der Schädeloberfläche. Berger beschreibt in seiner ersten Publikation den Alpha-Block, auch *Berger-Effekt* genannt. Der Effekt beschreibt das Phänomen, dass bei geschlossenen Augen ein Alpha-Rhythmus dominiert mit einer Frequenz von 8-10 Hz. Sobald der Patient die Augen öffnet wird dieser Rhythmus unterbrochen und die Alpha-Wellen werden durch kleinere und schnellere Beta-Wellen ersetzt.[47]

Ein EEG benötigt ein vom Gehirn erzeugtes elektrisches Signal. Hierbei handelt es sich um Nervenzellen im Kortex, welche dieses Signal weiterleiten. Sie werden als Pyramidenzellen bezeichnet, da ihr Zellkörper pyramidenförmig angelegt ist. Die Pyramidenzellen verlaufen parallel zueinander senkrecht zur Kortexoberfläche und verlaufen durch mehrere

[46] Vgl. Enriquez-Geppert, 2019, S.186-187
[47] Vgl. Haus, Held, Kowalski, Krombholz, Nowak, Schneider, Strauß & Wiedemann, 2013, S.16-17

Kortexschichten. Für das EEG-Signal ist die elektrische Aktivität der apikalen Dendriten am bedeutsamsten. Der apikale Dendrit ist länger als der basale Dendrit und weist in die dem Axon entgegengesetzte Richtung. Er empfängt exzitatorische Reize, welche durch die Anhäufung positiver Ladung innerhalb der Zelle zu einer Depolarisation im entsprechenden Membranbereich führen. Dies bedeutet, dass ein Wandel von "innen negativer als außen" zu "innen positiver als außen" stattgefunden hat. Da der Rest der Zelle sich noch im Ruhezustand befindet, kommt es zu einer Potenzialdifferenzierung außerhalb der Zelle. Die nun fehlende Membran zwischen den Teilchen führt somit zu einem Stromfluss entlang der Zelle von positiv zu negativ. Dieser Stromfluss (Erregung im Kortex), welcher Senkrecht zur Gehirnoberfläche verläuft, wird nun im EEG durch eine Auslenkung der Kurve nach oben (negative Auslenkung) sichtbar.[48]

Das 10-20 Elektrodensystem ist das am häufigsten verwendete System zur Elektrodenpositionierung zur EEG-Ableitung. Dabei werden 19 Ableiteelektroden je nach Schädelgröße oder -form abhängig positioniert. Für die Ortsangaben der Elektroden werden international einheitliche Bezeichnungen verwendet, welche in Abbildung 3 aufgezählt sind.[49]

Elektroden-position	Kortikale Lokalisation	Area nach Brodman
Fp1, Fp2	Gyrus frontalis superior (rostrales Ende)	10
F3, F4	Gyrus frontalis medius (mittlerer Abschnitt)	46 (9)
F7, F8	Gyrus frontalis inferior (pars triangularis) (links nahe dem Broca-Sprachzentrum)	45
C3,C4	Gyrus praecentralis (Schulter-Ellbogen-Region)	4 (3)
P3, P4	Lobulus parietalis superior	7
T3, T4	Über Sulcus temporalis superior (überlappt Gyri temporales medius et superior)	21/22
T5, T6	Gyrus temporalis medius (rechts mehr über Sulcus temporalis superior)	37 (39)
O1, O2	Lateral und oberhalb des Okzipitalpols	17 (18)

Abbildung 3: Topographischer Bezug der Ableitepunkte des 10-20-Systems

Quelle: Zschocke & Hansen, 2012, S.39

---

[48] Vgl. Wiedemann, 2013, S.17
[49] Vgl. Zschocke & Hansen, 2012, S.36

Die Beurteilung erfolgt anhand der Frequenz der Hirnstromwellen, die das EEG in bestimmte Frequenzbänder (EEG-Bänder) einteilt. Die EEG-Bänder variieren je nach Bewusstseinslage und werden in Hertz (Hz) gemessen. Die Frequenzangaben der jeweiligen EEG-Bänder können je nach Literatur leicht voneinander abweichen. Der sinusförmige Alpha-Rhythmus (8-13 Hz) ist leicht erkennbar. Er beschreibt den entspannten Wachzustand der Testperson mit geringer visueller Aufmerksamkeit. Bei visueller Konzentration oder Aufmerksamkeit spricht man vom Beta-Rhythmus (15-30 Hz) (Alpha-Block). Bei Schläfrigkeit, im Tiefschlaf oder bei pathologischen Veränderungen treten Theta- (4-8 Hz) oder Delta-Wellen (<4 Hz) auf. Der sensomotorische Rhythmus (SMR) misst Wellen zwischen 12 und 15 Hz und beschreibt einen motorisch entspannten, dabei aber wachen und konzentrierten Zustand. Außerdem gibt es noch die ISF (Infra Slow Fluctuation), welche für Schwingungen im Gehirn mit einer sehr tiefen Frequenz, unterhalb der anderen Frequenzen im EEG, steht.[50]

Name	Frequenzband	Erregungszustand
High-Beta	20–30 Hz	Anspannung
Low-Beta	15–20 Hz	Wach fokussiert, konzentriert
SMR	12–15 Hz	Motorisch ruhig fokussiert, aufmerksam
Alpha	8–12 Hz	Unaufmerksam, entspannt, wach
Theta	4–7 Hz	Schläfrig
Delta	1–3 Hz	Tiefschlaf
Infra-low	0,1–0,0001 Hz	Erregbarkeit

Abbildung 4: Frequenzen des EEG

Quelle: Wiedemann, 2013, S.18

3.2 Methode des Neurofeedbacks

Der Patient sitzt mit am Kopf befestigten Elektroden vor einem Bildschirm. Er muss sich dabei auf ein Computerspiel konzentrieren bei dem bspw. Raketen oder Autos bewegt werden müssen. Diese Figuren im Spiel werden jedoch nur mit der Kraft der Gehirnaktivität des Patienten gelenkt. Mit anderen Worten werden die EEG-Wellen auf einem Computer in Echtzeit analysiert und dem Patienten rückgemeldet. Des Wegen heißt diese Art von Training *Neurofeedback*. Dies Methode

---

[50] Vgl. Birbaumer & Schmidt, 2018, S.469; Vgl. Wiedemann, 2013, S.18

soll anhand der Figuren dabei helfen dem Patienten die sonst nicht direkt wahrnehmbaren und steuerbaren Gehirnaktivitäten anschaulich zu machen.[51] Dabei soll die Selbstregulation gefördert werden, damit man gleichsam auch bessere Kontrolle über die Gehirnaktivität hat. So ist laut Haus et al. das Ziel des NF Muster der Fehlregulierung zu durchbrechen und das Gehirn wieder in einem besseren Funktionszustand zu bringen.[52]

Enriquez-Geppert spricht in ihrem Artikel "Neurofeedback aus der Perspektive der Neurowissenschaften" von einer Rückmeldeschleife mit fünf Elementen: Dabei wird zuerst die Gehirnaktivität mit Hilfe von bildgebenden Verfahren wie z.B. EEG gemessen. Das zweite Element der Rückmeldeschleife besteht aus der Echtzeitanalyse der gemessenen Werte. Anschließend folgt die Merkmalsextraktion bei der ein bestimmtes Merkmal herausgefiltert wird, welches trainiert werden soll, z.B. ein bestimmtes EEG-Band. Im vierten Element wird dieses Element in ein Feedbacksignal umgewandelt. Im fünften Teil der NF-Rückmeldeschleife, versucht der Patient seine Gehirnaktivität auf das Feedbacksignal abzustimmen. Daraufhin wird wieder gemessen, analysiert, gefiltert und rückgemeldet.[53]

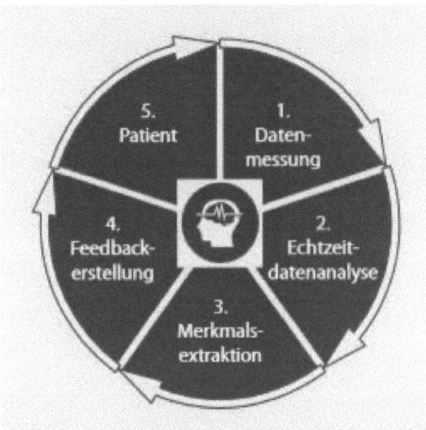

Abbildung 5: Fünf Elemente der Neurofeedback-Rückmeldeschleife
Quelle: Enriquez-Geppert, 2019, S.186

Das NF-Training basiert auf einer bestimmten lerntheoretischen Grundlage, nämlich die des operanten Konditionierens. Beim operanten Konditionieren erlernt der Mensch von und durch Konsequenzen. Ein bestimmtes Verhalten führt zu einer Konsequenz die je nachdem ob positiv oder negativ empfunden beibehalten wird oder nicht. Führt ein Verhalten demnach zu einer

---

[51] Vgl. Enriquez-Geppert, 2019, S.186
[52] Vgl. Wiedemann, 2013, S.20
[53] Vgl. Enriquez-Geppert, 2019, S.186

positiven Konsequenz steigt die Wahrscheinlichkeit, dass die Person das Verhalten wiederholen wird um wieder eine Belohnung zu erhalten. Es ist wichtig, dass das erlernte Training auch im Alltag eingesetzt werden kann und nicht nur auf dem Bildschirm in der Praxis durchgeführt werden kann. Wird in der Praxis immer mit einem Autorennen geübt, so sollte der Patient ein Bild dieses Trainingsbildschirms mit nach Hause bekommen. So gelingt dem Patient die Reiz-Reaktion-Verknüpfung auch außerhalb der Praxis. Mehrmals am Tag soll der Patient dieses Bild für 5-10 Minuten anschauen und sich den genauen Ablauf vorstellen mit dem er die gewünschte Reaktion erhielt (z.B. das Rennen mit dem weißen Auto gewinnen). So wird die gewünschte Gehirnaktivität mit der Zeit automatisch hervorgerufen sobald der Patient das Bild anschaut (klassisch konditionierter Reiz).[54]

3.3 Anwendungsmöglichkeiten des Neurofeedback

Die Methode des Neurofeedbacks findet zum Einen Anwendung in nichtmedizinischen Bereichen. Hierzu zählen z.B. Wellness, Psychoedukation, Prävention oder auch Peak-Performance. Im Wellness wird insbesondere das Alpha-Neurofeedbacktraining angewendet um die Entspannung der Klienten zu fördern. In der Psychoedukation soll der Person den Zusammenhang zwischen den Ereignissen in seiner Umwelt, deren Einfluss auf das Innenleben der Person und deren kognitiven Bewertung verdeutlichen. Dabei wird anhand des Alpha-Trainings den Klienten bspw. gezeigt, dass sie sich auch ohne den täglichen Konsum von Alkohol entspannen können. In der Prävention geht es darum den Klienten vor einer möglicherweise kurz bevorstehenden Erkrankung zu schützen. So können Personen die bereits einen Verdacht auf Burnout haben, jedoch noch nicht ausreichend Symptome zur Diagnose aufzeigen, durch NF geholfen werden, indem eine Erhöhung des oberen Alpha-Bereichs (9-10 Hz) und einer gleichzeitigen Reduktion des Beta-Bereichs oberhalb von 18 Hz trainiert wird. In der Peak-Performance geht es darum, den Klienten auf ein hohes Leistungsniveau zu bringen. Diese Methode findet viel Zuspruch bei Profisportlern und geht ebenfalls mit einem Tiefenentspannungstraining einher. Zusammenfassend bemerkt man, dass in den nichtmedizinischen Anwendungsbereichen des NF stets das gleiche Muster verfolgt wird: Zur Förderung der Entspannung wird die EEG-Aktivität des Alpha-Frequenzband (8-12 Hz) erhöht, manchmal sogar in Kombination mit einer Reduktion eines zu dominanten Beta-Frequenzbandes (18-30 Hz).[55]

---

[54] Vgl. Wiedemann, 2013, S.19-20
[55] Vgl. Kowalski, 2013, S.180-184

Im medizinischen Bereich kann NF z.B. Abhilfe bei Abhängigkeitserkrankungen leisten. Dabei wird den drogenabhängigen Patienten die Möglichkeit eröffnet ihre Sucht durch Neurofeedbacktraining aus eigener Kraft zu bekämpfen. Das speziell darauf ausgelegte EEG-Training arbeitet darauf hin, dass der Patient seine Abhängigkeit bewusster kontrollieren kann, um anschließend ein besseres soziales Leben führen zu können. Bei starkem Verlangen des Suchtstoffes (Craving) lässt sich anhand der EEG-Messungen erkennen, dass der Suchtkranke zunehmend unkonzentrierter und angespannter wird. Der "Normalzustand" wird dann erst wiedererlangt, wenn das Suchtstoff konsumiert wurde und der Patient sich wieder entspannt. Beim EEG-Training wird eine Steuerung der Hirnaktivität erlernt, die das Verlangen nach Drogen kontrollieren und vermindern soll. Da suchtkranke Menschen Probleme damit haben das eigene körperliche Befinden sowie Gefühle und Bedürfnisse wahrzunehmen, ist es sinnvoll mit einem peripheren Biofeedback zu beginnen um die Eigenwahrnehmung des Patienten zu fördern. Im Neurofeedback unterscheidet man anschließend zwischen dem SMR-Training oder dem SCP-Training. Das SMR-Training (sensomotorisches Training) ist besonders für drogenabhängige Patienten mit AD(H)S geeignet. Beim SMR-Bereich handelt es sich, wie bereits oben erwähnt wurde, um einen motorisch entspannten, aber wachen und konzentrierten Zustand (12-15 Hz). Nach einigen Sitzungen berichten die Patienten, dass es ihnen leichter fällt sich nur auf eine Sache zu konzentrieren und dies auch im Alltag umgesetzt bekommen. Das SCP-Training (slow cortical potentials) ist hingegen eher geeignet bei Patienten die einen komplexeren Behandlungsbedarf benötigen: Nach jahrelangem Drogenkonsum ist der Gehirnstoffwechsel auch nach dem körperlichen Entzug längere Zeit beeinträchtigt, was zu einem Problem der Fähigkeit zur Stress- und Konfliktbewältigung führt. Daher wird beim SCP-Training neben der Steigerung der Aufmerksamkeitsleistung ebenfalls ein Hin- und Herschalten zwischen den Netzwerken gefördert. Wichtig ist zudem, dass der Neurofeedbacktherapeut den Patienten im Therapiealltag stets motiviert, da es für ihn nicht immer klar ersichtlich ist, was die jeweiligen Übungen bringen sollen. Daher sind Sitzungsbesprechungen und Hervorheben von auch kleineren Fortschritten besonders wichtig zum Motivieren. Held & Nowak weisen jedoch darauf hin, dass im Bereich der Behandlungsmethoden im Neurofeedback von Drogenabhängigen noch viel Potenzial zur Weiterentwicklung besteht.[56]

Im medizinischen Bereich gibt es noch viele weitere Krankheiten und Störungen bei denen Neurofeedback Abhilfe leisten kann: Aufmerksamkeitsdefizitstörung mit oder ohne Hyperaktivität, Autismus-Spektrum-Störung, Angststörungen wie Panikattacken oder Posttraumatische Belastungsstörungen, Depressionen, Chronische Schmerzen wie z.B. Migräne oder

---

[56] Vgl. Held & Nowak, 2013, S.242-246

Fibromyalgie, neurologische Störungen wie Epilepsie oder sonstige Störungen wie Tinnitus oder Schlafstörungen.[57]

4. Literaturverzeichnis

Birbaumer, N. & Schmidt, R. F. (2018). *Biologische Psychologie* (7. Auflage). Berlin: Springer Verlag.

Ehlert, U. (2011). Das endokrine System. In: Ehlert, U. & von Känel, R. (Hrsg.), *Psychoendokrinologie und Psychoimmunologie* (S.4-36). Berlin: Springer Verlag.

Enriquez-Geppert, S. (2019). Neurofeedback aus der Perspektive der Neurowissenschaften. *Psychotherapeut 64* (S.186–193). https://doi.org/10.1007/s00278-019-0351-3

Entringer, S. & Heim, C. (2016). Biologische Grundlagen. In: Ehlert, U. (Hrsg.) *Verhaltensmedizin* (S.13-42). Berlin: Springer Verlag.

Heger, S. (2010). Hypothalamus und Hypophyse. In: *Pädiatrische Endokrinologie und Diabetologie* (S.311-327). Berlin: Springer Verlag.

Held, C. & Nowak, M. (2013). Biofeedback und Neurofeedback bei Abhängigkeitserkrankungen. In: Haus, K-M., Held, C., Kowalski, A., Krombholz, A., Nowak, M., Schneider, E. et al. (Hrsg.), *Praxisbuch Biofeedback und Neurofeedback* (S.235-26). Berlin: Springer Verlag.

Kirschbaum, C., Domschke, K. & Heinrichs, M. (2020). Biopsychologische Grundlagen. In: Hoyer, J. & Knappe, S. (Hrsg.), *Klinische Psychologie & Psychotherapie* (S.213-243). Berlin: Springer Verlag.

Kleine, B. & Rossmanith, W. C. (2010). *Hormone und Hormonsystem: Lehrbuch der Endokrinologie* (2. erw. Auflage). Berlin: Springer Verlag.

Kowalski, C. (2013). Nichtmedizinische Anwendung von Biofeedback und Neurofeedback. In: Haus, K-M., Held, C., Kowalski, A., Krombholz, A., Nowak, M., Schneider, E. et al. (Hrsg.), *Praxisbuch Biofeedback und Neurofeedback* (S.179-185). Berlin: Springer Verlag.

---

[57] Vgl. Haus et al., 2013, S.187-288

Linnemann, M. & Kühl, M. (2005). *Biochemie für Mediziner: Ein Lern- und Arbeitsbuch mit klinischem Bezug* (7. neu bearbeitete und erw. Auflage). Berlin: Springer Verlag.

Müller, W. A. & Hassel, M. (2012). *Entwicklungsbiologie und Reproduktionsbiologie des Menschen und bedeutender Modellorganismen* (5. Auflage). Berlin: Springer Verlag.

Myers, D. G. (2014). *Psychologie* (3., vollst. überarb. und erw. Neuauflage). Berlin: Springer Lehrbuch.

Rockstroh, S. (2010). *Biologische Psychologie*. München: Ernst Reinhardt Verlag.

Schäffler, A. (2014). *Gesundheit heute: Krankheit-Diagnose-Therapie, Das Handbuch für Schulmedizin, Naturheilkunde und Selbsthilfe*. Stuttgart: Trias.

Schröger, E. (2010). *Biologische Psychologie*. Wiesbaden: VS Verlag für Sozialwissenschaften.

Wiedemann, M. (2013). Biofeedback und Neurofeedback. In: Haus, K-M., Held, C., Kowalski, A., Krombholz, A., Nowak, M., Schneider, E. et al. (Hrsg.), *Praxisbuch Biofeedback und Neurofeedback* (S.3-21). Berlin: Springer Verlag.

Zschocke, S. & Hansen, H-C. (2012). *Klinische Elektroenzephalographie* (3. aktual. und erw. Auflage). Berlin: Springer Verlag.